CONTOS ALEATÓRIOS

E outras histórias.

Se você não achou graça, leia de novo até entender.

Charlon André Bergahn

PREFÁCIO

Agradecimento ao todos aqueles que um dia desejaram receber um agradecimento, mesmo não tendo feito nada. É com você mesmo...

Obrigado a você, que acha que o mundo deveria mudar e as pessoas se tornarem melhores, mas não deu bom dia para seus familiares, foi ao serviço, não sorriu pra ninguém e acha que o mundo é injusto contigo e que todos ao seu redor são privilegiados e que nada de ruim acontece com eles, mas com você, não tem um dia em que uma desgraça não aconteça.

Eu era assim. Eu achava que minha vida rodava no nível Hard, pois nada para mim era fácil. E eu comecei a perceber que as outras pessoas se fodiam igual, mas não era pra mim que elas reclamavam, e eu via que eu não reclamava pra ninguém, apenas pra mim. Como elas, viviam para si. Então eu mandei o universo se foder em segredo e passei a criar dias melhores.

Não deu certo, mas o importante é não perder a esperança.

A vida é melhor se você melhorar ela, ou algo assim. Sempre penso demais quando estou pensando que penso demais.

Para minha filha Helena, que desejo nunca precisar ouvir conselhos de um fodido como eu. Apenas espero que ela aceite a vida e faça cada dia o melhor possível. Papai te ama.

O senhor das Luas Gêmeas

Todos saúdem o senhor das luas gêmeas!

Todos saúdem o senhor das luas gêmeas!

Todos saúdem o senhor das luas gêmeas!

- Acordei ouvindo a mesma frase que ouço desde criança, e que meus pais ouviam, e os que vieram antes deles, e antes mais.

- A cada dia acordando para seguir a mesma rotina. Saudar o Senhor das luas gêmeas. Meus pais nunca se questionaram, nem os pais deles, e acho que eu não devia questionar.

- Por que saudamos o senhor das luas gêmeas? De onde ele vem, para onde vai? Por que as vezes nos agracia com sua presença uma vez e em outras vezes nos agracia com um turbilhão de luzes e cores?

- Acordei e parti para meu destino. Saudar o senhor das luas gêmeas. Ele orbita num universo além das árvores em que vivemos, além dos muros e pátios que nos cercam. Vem e vai todo dia. Devo ir até ele para buscar suas bençãos, seu calor reconfortante e sua luz que nos ilumina.

- Aqueles com devoção e fé total são levados pelo senhor das luas gêmeas para viver em sua companhia. Alguns não alcançam a graça e precisam esperar mais um dia para novamente o saudar e torcer para que Ele os leve consigo.

- Estou ansioso, pois acordei determinado a ir com Ele para onde Ele me levar. E Ele está vindo. Hoje ele vai me levar.

- Ele é rápido. Vejo as luas gêmeas se aproximando. Sua luz, seu calor. O senhor das luas gêmeas está em sua carruagem de metal polido. As luas quase me cegam, e sei que fui escolhido.

- Felicidade. Ansiedade. Medo. Esperança. Meus filhos saudarão o senhor das luas gêmeas. Se forem fiéis, serão levados por Ele para ficar em sua presença.

- Ele está aqui. Eu sinto. Fui escolhido. Está próximo. Que euforia.

- Ele vai me levar... mas... um nome? Quem é Ford?

A escolha de Beto

Beto era um cara legal. Pagava cerveja para os amigos. Levava o vídeo game quando o encontro não era em sua casa. Nunca o vimos irritado ou triste. Sempre de alto astral.

Prestar essa homenagem não faz jus ao que merece o Beto, depois de tanto que fez pela gente.

Para o Carlos, Beto emprestou o nome pra tirar uma moto. Carlos pagou sempre em dia, mesmo o Beto nunca cobrando. Mas o zelo pela amizade fazia o Carlos se manter comprometido.

O Ricardo estava construindo e o Beto ajudou a bater a laje num sábado a tarde, levou cerveja e fez tudo sem cobrar nada.

Comeu carne com o Ricardo e outro primo dele a noite, depois do serviço terminado.

Beto compartilhava o Netflix com a galera e nunca cobrou nada. Só pedia que não mexêssemos no perfil dele pra não tirar da ordem o que ele assistia. Entre suas séries preferidas estavam Breakind Bad, The Witcher, Friends e La Casa de Papel. Ele era simples, essa era a aventura que ele curtia. Outro dia estávamos saindo pra beber e o Beto se ofereceu pra ser o motorista da rodada. Bebeu água com gás, um suco de manga e juro que parecia que era o que mais se divertia.

Mas o mundo não é justo, e como cantava o Renato Russo, "os bons morrem jovens". Uma palavra, uma ação. O envolvimento com pessoas erradas muda o destino das pessoas.

Ninguém queria ofender o Beto, e não falamos nada quando ele começou a andar com a Marcela. Foram no cinema, café, teatro de stand up, locais com muita gente, muita visibilidade.

Não nos metemos, e não percebemos a tempo. Mas como disse, uma palavra, uma ação, e tudo acaba.

Estamos agora aqui reunidos, eu, Ricardo, Carlos, Lucas, Amorim e tantos outros que o Beto ajudou, ouvindo o padre falar sobre o Beto, sobre sua vida e seus feitos.

Uma palavra muda tudo. E o desgraçado do Beto acabou de dizer: aceito.

Conversa de merda

- Oi, vamos cagar?

- Não dá. Estamos no metrô, esqueceu?

- Mas eu quero cagar, vamos cagaaaaarr...

- Esquece, segura. Falta uns 20 minutos pra chegar em casa. E o banheiro da próxima estação é horrível.

- Vamos peidar então. 1, 2, 3 e...

- Não. Esqueceu da última vez? Nunca é só um peido. Não confio em você.

- Você não me deixa fazer nada.

- Não é assim. Tudo tem hora e lugar. E agora, num vagão cheio de gente, peidar é inadmissível. Cagar está fora de questão.

- Então você tá me proibindo de cagar, é isso?

- Entenda como um remanejamento. Te dou opção de cagar em casa, no conforto do lar, com wi-fi, Netflix, banheiro limpo e cheiroso, e logo depois tomamos um banho.

- hummm. Tá. Me convenceu. Mas só você e eu.

- aff, vai começar.

- Começar o que?

- Nunca somos só nós...

- Mas é diferente. Vou te dar atenção total hoje.

- Promete?

- Prometo. Odeio te deixar pressionada. São minhas dores também.

- Tá bom... no banho você pode brincar com ela.

- Não preciso, hoje a noite o João vai lá em casa, o banho vai ser todo nosso, depois ela é serviço dele.

- João vai lá em casa hoje?

- Sim, por que?

- Então depois de cagar eu quero banho também.

- aff, vai começar...

- Aaah menina... duas latinhas de cerveja e é só o João pedir que você me libera bem fácil. Pelo menos me deixa limpinha.

- Tá bom, mas agora fica quieta que preciso levantar e caminhar 3 quadras pra casa.

- Está bem, está bem. Espero que ele traga o KY.

Erros de gravação

PRESIDENTE:- Boa noite, caros eleitores.

DIRETOR: - Estamos passando por um momento cr....al d.. a... pol..ca econ.........

DIRETOR: CORTA!

DIRETOR: - Desculpe senhor presidente, parece que este microfone em sua mesa está com problemas, vou providenciar um outro imediatamente.

CÂMERA: - Vamos tentar mais uma vez.

PRESIDENTE: - Certo.

PRESIDENTE: - Boa noite, ca... ..lei...

DIRETOR: CORTA!

DIRETOR: - Desculpe senhor presidente. Onde está o microfone azul?

PRESIDENTE: - Preciso fazer este pronunciamento, tenho que pegar um voo para São Paulo em 3 horas.

DIRETOR: - Aqui está, microfone azul está funcionando. Estagiário? Joga esse microfone preto fora, por favor.

PRESIDENTE: - É, elimina esse preto que não presta pra nada...

DIRETOR: - Senhor presidente...

PRESIDENTE: - Está gravando?

PRESIDENTE: MERDA.

Sonho de metal

Tudo começou com um sorriso... ele não acreditava naquilo, nem feliz estava. Seus fones de ouvido num estridente heavy metal o deixavam inerte ao mundo. Havia lido em algum lugar que sorrir faz bem, ou algo assim, besteira atrás de besteira. Não lembrava se fora um e-mail, um cartaz ou alguém, mas estas palavras surgiram em sua mente após o Blind Guardian terminar de tocar em seus fones.

De certa forma, algumas coisas acontecem com tanto acaso, que até assustam. E ao lembrar das palavras, sorriu ironicamente, em forma de desprezo, entretanto irônicos foram as seguintes situações: Alguém que nunca sorri, não sabe dar um sorriso irônico, e outra, que ao sorrir, esqueceu que caminhava em uma movimentada passarela que o levava ao outro lado da avenida...

Irônico fora o fato de que naquele momento, uma garota de roupas monocromáticas, meia até os joelhos, laço na alça da blusa e algo que parecia uma boina ou gorro, olhou para seu rosto e sem nada a perder, retribuiu o sorriso.

E desta empreitada, duas pessoas trocaram sorrisos uma vez, sem querer, sem saber. O destino, a sorte, o acaso ou a ironia, fizeram daquele momento algo único, que não se repetiu com estes personagens, mas resultou em uma epidemia de sorrisos e retribuições, entre muitas outras pessoas.

Tudo começou com um sorriso, entre fones de ouvido e muita gente, entre um olhar e uma surpresa, entre ouvir em algum lugar e fazer acontecer em algum lugar.

Uma atitude que resultaria em um mundo mais feliz, mais altruísta e pacífico, com pessoas pacientes, amigáveis e gentis.

Então Blind Guardian toca novamente em um celular, ajustado para às 6:00 h da manhã, e ao acordar de súbito ele se dá conta, de que nunca teve um sonho tão esquisito.

Traição

Há alguns dias presenciei uma das cenas mais tristes que já vi entre meus amigos.

Foi assim. Encontrei com o Renato pela rua, quase não o reconheci. Renato perdeu, provavelmente, mais de 40 quilos. Achei fantástico, questões de saúde e tal.

Soube há algum tempo que ele começou a namorar, algo que já deve durar uns 3 anos. Renato sempre foi acima do peso, mas sempre foi um cara legal. Aquele gordinho feliz da roda de amigos.

Seu namoro com Soraia parecia que ia bem. Foi mais ou menos assim:

- Renato? Caramba, quanto tempo, como vão as coisas?

- E ai... tudo certo e contigo? Tempão que não nos falamos.

- Pois é. Que mudança de vida, soube que tá namorando.

- Sim, estamos fazendo uma caminhada agora, ela parou ali para comprar uma água.

- Legal. E como tá a vida? To vendo que namorar te fez bem, hein... (dei leves tapinhas na barriga dele).

- Nem me fala. É tudo perfeito, mas bate a saudade de ser solteiro as vezes.

- Fala sério.

Duvidei mesmo, pois Soraia faz academia desde sempre. Corpo atlético, todo definido e com medidas chamativas. Padrão alto até para modelos. Resumindo, gostosa.

- Sério. Sinto saudade de ser solteiro. Podia sair mais com vocês e comer geral.

- Renato, fala sério. Olha o mulherão que você tem. Olhei discretamente para o food truck onde ela esperava na fila para pedir a água.

Renato puxa o celular, abre a galeria, vejo uma pasta com senha. Ele me mostra o celular e eu não acredito. Fiquei pasmo pois eu esperaria isso de qualquer homem, apenas pela natureza masculina.

- Então. Era o que eu andava comendo quando era solteiro. Depois que conheci a Soraia. Saudade dessa delícia.

Liguei os pontos. Renato sentia falta da vida de solteiro e eu não o culpava. Até reavaliei por alguns segundos a minha vida, e mesmo dando umas escapadas, sua realidade condizia com a nostalgia.

- Que porra é essa, Renato?

- Nada amor, nada, juro.

Climão tenso. Soraia arranca o celular das mãos de Renato, incrédula.

- Que fotos são essas? Acha que sou palhaça, acha?

Soraia não se importou de eu estar ao lado deles, ou de estar num parque cheio de gente. Gritava e sua raiva era visível. Até achei compreensível.

- Depois de tanto tempo juntos. Tanto que nos dedicamos. Tanto esforço neste relacionamento, pra eu descobrir assim? Eu sou burra, é isso?

- Soraia, eu posso explicar.

Vejo que Soraia fechou a galeria, e por uns instantes ficou muda. Então devolveu o celular, respirou fundo e disse:

- Está tudo acabado. Se é desse jeito que você quer viver a sua vida, se acaba. Pra mim deu. Acabou. Seu idiota. Seu merca. Acabou.

Soraia saiu gritando alguma coisa que não distingui.

- Renato, o que acabou de acontecer?

- Ela viu o aplicativo que esqueci de desinstalar.

Na tela do celular, neste momento, chegou uma mensagem do APP. Renato ganhara cupom de desconto no Ifood.

No que acreditar?

Acordei me sentindo estranho. Meu corpo pareceu pesado. Meus movimentos ficaram mais lentos e acho que minha cauda ficou de mau jeito, pois está doendo.

CAUDA???

Que porra é essa. Levantei sobre as duas pernas, caminhei até o banheiro para me olhar no espelho. Quebrei o abajur, esbarrei na porta e derrubei um quadro. Me espremi pela porta do banheiro para olhar no espelho e ver que virei um dinossauro.

Tentei lavar o rosto, acordar deste sonho estranho, mas não consegui girar meu corpo, a cauda atrapalha.

Fui de lado, cheguei na pia, mas agora meus braços são curtos e tenho apenas três dedos, com garras afiadas na ponta. A torneira não abre, e agora quebrei a pia.

Acredito que sou um velociraptor ou alguma espécie parecida.

Que sonho maluco, e nada de acordar.Fui para a sala. Vi minha mãe olhando incrédula para seu lustre caríssimo, feitos com cristais de swarovski, estilhaçado no chão.

- Bom dia mãe, o que houve?

- Bom dia. Estou me acostumando com o comprimento do meu pescoço, acabei esbarrando no lustre.

Ela estava visivelmente chateada, com seus 14 metros de comprimento da cabeça à cauda, 5 metros de altura dos pés às costas. Acredito que será difícil passar pelas portas agora.

Fui para a cozinha, meu pai estava preparando o café da manhã. Na verdade, um corpo decapitado, rasgado na lateral e escorrendo sangue estava sobre o balcão da cozinha, enquanto meu pai mordiscava aquela carne crua, porém suculenta e de aparência apetitosa.

- Bom dia filhão, tá servido? Acabei de caçar.

- Obrigado pai, talvez mais tarde. O sangue pingava de seus dentes.

Certo. Ninguém está se questionando sobre ter virado dinossauro. É mesmo um sonho maluco, o que me faz pensar que misturar tequila com cerveja e dar um tapa antes de dormir não seja uma boa ideia.

Olhei pela janela e vi os vizinhos em seu gramado. Um casal de triceratops, com três pequenos filhotes perseguindo suas caudas.

Mais adiante um braquiossauro tentava sem sucesso entrar em seu Honda Civic, talvez para ir ao trabalho.

Meu pai se aproxima perguntando que horas iremos sair.

- Sair?

- É filho, hoje é o segundo domingo das eleições.

- Verdade pai, esqueci completamente.

Sim, as eleições para presidente são hoje. Foram para o segundo turno pois nenhum candidato atingiu a maioria dos votos necessários.

De fato, ainda não me decidi. Meus pais estão confiantes no Tiranossauro Rex. Vem com propostas inovadoras, menores taxações para empresas. De acordo com meus pais, vai melhorar muito a situação.

Poderíamos até viajar para a Europa com mais frequência.

A classe trabalhadora pensa ao contrário. Enquanto o Tiranossauro Rex visa melhorias para a nossa classe, e para as outras em geral, promovendo empregos e benefícios que atenderiam a todos, inclusive diminuindo a violência urbana, as classes inferiores apoiam o segundo candidato.

Ele é relativamente novo, chegando recentemente à vista de todos.

Ele prometeu igualdade e quer atingir a todos com seu poder democrático. Mas nossa classe não acredita que ele trará algum benefício real.

Então estamos assim, indo votar. Enquanto vamos votar no Tiranossauro, metade do país está apoiando esse tal de Meteoro.

Memórias do Carcereiro dos Infernos

- O que faz aqui, carcereiro dos infernos?

Você foi condenado a morte, mas pela tradição tem direito a um pedido.

- ah, então me traga uma guitarra, quero tocar um solo qualquer de Jimi Hendrix, do início ao fim.

E o prisioneiro viveu por mais doze anos.

Memórias do Carcereiro dos Infernos

- O que faz aqui, carcereiro dos infernos?

Sua hora chegou, mas pela tradição tem direito a um pedido.

- Então traga aqui a minha mãe, e conte a ela o que eu fiz, pode me matar depois da bronca dela...

E o prisioneiro está vivo até agora.

Memórias do Carcereiro dos Infernos

- O que faz aqui, carcereiro dos infernos?

Sua hora chegou, mas pela tradição tem direito a um pedido.

- Então me leve para ver uma palestra com Carlos Prates, depois podes me matar.

O prisioneiro, os guardas e toda a equipe ainda estão na palestra.

Memórias do Carcereiro dos Infernos

- O que faz aqui, carcereiro dos infernos?

Sua hora chegou, mas pela tradição tem direito a um pedido.

- Certo, coloque Plutão de volta na classificação planetária primeiro.

O prisioneiro está vivo até hoje.

Memórias do Carcereiro dos Infernos

- O que faz aqui, carcereiro dos infernos?

Sua hora chegou, mas pela tradição tem direito a um pedido.

- Certo, então deixa eu terminar essa partida no Free Fire.

Carcereiro deu dois tiros no prisioneiro, e foi promovido.

Memórias do Carcereiro dos Infernos

- O que faz aqui, carcereiro dos infernos?

Sua hora chegou, mas pela tradição tem direito a um pedido.

- Certo. Me coloque dentro de uma caixa com veneno e um gato.

Ainda não sabemos se o prisioneiro está vivo ou morto.

Memórias do Carcereiro dos Infernos

- O que faz aqui, carcereiro dos infernos?

Vim te buscar, sua hora chegou.

- Belos portões... então é assim que se sai deste lugar. Sentirei falta deste ar enferrujado...

E após ser libertado, o prisioneiro nunca mais cometeu crimes, e está vivo até hoje.

Memórias do Carcereiro dos Infernos

- O que faz aqui, carcereiro dos infernos?

Sua hora chegou, mas pela tradição tem direito a um pedido.

- Quero ver o dólar e a gasolina a menos de R$ 4,00.

- Você quem sabe, mas entre morrer executado ou de velhice, eu escolheria ir agora.

Memórias do Carcereiro dos Infernos

- O que faz aqui, carcereiro dos infernos?

Sua hora chegou, mas pela tradição tem direito a um pedido.

- Quero assistir a versão de "O Senhor dos Anéis" do Zack Snyder

- O prisioneiro continua vivo, a equipe da prisão acabou dormindo.

A procura da liberdade

Certa vez três exploradores estavam se aventurando em uma floresta esquecida, intocada até então pelo homem. Clima quente, tempestade se aproximando, encontraram nas proximidades uma caverna para se abrigar do calor e da chuva.

Adentrando a caverna, se depararam com um altar de pedra e sobre ele uma simples caixa de madeira. Nenhuma inscrição, nenhuma armadilha aparente.

Estranhamento não havia poeira, nem teias de aranha, como nos filmes.

Os três se olharam, e mesmo sem dizer nada, unanimemente, decidiram abrir a caixa.

Como de se esperar, da caixa surgiu uma fumaça, luzes, um cheiro doce e a imagem crescente de um ser humanoide, que se apresentou como um feiticeiro aprisionado, amaldiçoado a realizar desejos com suas magias, a quem abrisse a caixa.

Mas somente um desejo por pessoa, seria realizado.

Um dos homens pediu muita riqueza, a qual foi atendida pelo feiticeiro.

Um dos homens pediu sabedoria plena sobre todas as questões do universo, o qual foi atendido pelo feiticeiro.

O terceiro homem pediu que lhe fosse removido o sistema digestivo, sem que isso prejudicasse sua saúde e sua vida. O que estranhamento foi atendido pelo feiticeiro.

O primeiro homem saiu dali e ao chegar em sua casa encontrou joias, moedas de ouro, dinheiro, títulos de ações. Toda a sua vida mudou. Comprou mansões, carros luxuosos, fez festas, enquanto o dinheiro acabava, tudo o que lhe restou foi o medo de ser roubado, de perder tudo, de ficar sozinho e voltar a ser pobre.

O segundo homem pediu muita sabedoria, mas na simplicidade do cotidiano, sofria. Passou a não entender como as pessoas conseguem ser felizes na ignorância. Solucionou todos os problemas do mundo científico e mesmo assim havia gente que não acreditava. Era inteligente, mas não tinha um diploma para poder confirmar suas teorias. Por fim, sozinho, por não encontrar ninguém que o acompanhasse em raciocínio, lógica e pensamento, matou-se.

O terceiro homem nunca mais sentiu fome. Sem seu sistema digestivo, pode apreciar as belezas da vida sem o conceito do tempo. O que economizava em comida, usou para viajar e curtir a vida. Parou de ser refém de si mesmo. Este homem tornou-se completamente livre para viver. E viveu normalmente até o fim de seus dias, sem precisar comer. Completamente livre.

Ironia?

De que adianta fazer pipoca com cobertura doce crocante, se o filme é dublado e não vou ouvir nada porque parece que estou mastigando vidro?

Ironia

Um mendigo mexicano que se chama Rico.

Efeito Borboleta

Se o bater de asas de uma borboleta no ocidente pode causar um furacão no ocidente, imagina o que não causa um helicóptero Boeing HA-64 Apache.

Um pedaço sempre falta

Logo pela manhã
Me conforto no seu abraço
Sem a intensidade rotineira
parece que falta um pedaço

Alguns insistem que eu devia
ter lhe jogado fora
mas sou apegado a nostalgia
então a gente ignora

as vezes você me fere
queima ou corta sem cuidado
mas eu insisto em lhe ter por perto
posso até ser viciado

pois nunca acharei outra igual
como se fosse feita pra mim
e talvez seja amor afinal
bebo de você até o fim

me esquenta no frio e me serve
e se está assim a culpa é minha
pois não soube te segurar
tenho até trauma da cozinha

Mas eu não permitirei
Que você fique abandonada
De você sempre gostarei
Minha caneca com a alça quebrada

A Canção da Noite.

Samuel era um rapaz aventureiro. Em uma viagem ao litoral do Rio de Janeiro, de carona com alguns maloqueiros em uma velha Kombi, chegou a uma praia calma e serena, perto das onze da manhã. Caminhando pela orla com pouco mais de dez reais no bolso, algo que daria uma pobre refeição, mas o impediria de morrer de fome por três dias. Bebia água salobra dos chuveiros a beira mar e durante a madrugada revirava o lixo a procura de sobras. Não se importava de comer o resto de um pastel ou de abrir um coco e comer a fruta descartada, mas seu orgulho o impedia de fazer isso a luz do dia.

No terceiro dia vivendo nessa pobre sobrevivência, deitado na areia ao lado de seus pertences, uma mochila, um violão, duas camisetas de rock e uma toalha, viu nas proximidades algumas garotas conversando.

De súbito pensou que nunca viu uma garota tão linda em toda a sua vida. Apesar de seu jeito de mendigo, não tinha uma aparência assustadora e se aproximou.

Camila era seu nome e de alguma forma ela se encantou por Samuel como se fossem predestinados.

Marcaram de se encontrar a noite para passear na areia da praia sob as estrelas. Após horas conversando, Camila foi para casa prometendo que a noite voltaria sozinha.

Samuel encontrou um flanelinha, e fazendo um bico cuidando de carros ganhou vinte reais durante a tarde. O flanelinha gostou de sua camisa do Bob Marley e ofereceu dez reais por ela. Seria maravilhoso ter mais dinheiro, mesmo que significasse ter apenas uma camiseta.

Negociou e se dirigiu para a praia com trinta e dois reais e vinte gramas de maconha, seda e um isqueiro.

Encontrou Camila, sem acreditar ou ter esperanças de que ela voltaria.

Passearam pela areia, dividiram um cigarro de maconha e fizeram amor ali na praia, com juras de amor eterno, ou enquanto durasse o verão.

Camila confessou que queria fugir da opressão dos pais, que não queria fazer medicina na USP, o que implicaria em ter que se mudar para São Paulo e ficar fora do Rio de Janeiro por 11 meses por ano. Decidiram fugir sem destino. Foram para o atracadouro e entraram em uma escuna, parecia abandonada. Iriam esperar amanhecer para roubar o barco e velejar para o futuro. Enquanto faziam amor nos bancos do barco um policial de ronda pegou os dois.

Juntos foram levados para a delegacia, onde um casal de pais furiosos esperava por Camila, que foi liberada sem nem ter seus documentos fichados pela polícia. Dinheiro move o mundo.

Samuel, com drogas no sangue, uma camisa de banda e estilo de mendigo, passou a noite na delegacia, mas foi apenas fichado por vandalismo e apropriação indébita, onde quase perdeu seu violão, que era a sua razão de ter saído de casa há 4 anos, aos dezesseis, para se tornar um astro do rock.

Ficou com sua camiseta com a estampa do Elvis, sua toalha e mais nada.

Saiu dali sem dinheiro, sem esperança e sem destino. Ainda via o rosto de Camila onde quer que olhasse, imaginando como seria ter fugido para Argentina, Venezuela ou qualquer outro lugar que o fizesse esquecer da vida de merda que levava. Pensou em voltar para casa, família, mas perdera a razão de viver. Decidiu ficar.

Se envolveu com pessoas erradas, lugares errados. Nem os mais alucinados seguiriam o caminho que decidiu seguir.

Após alguns meses com fome, sede, frio e doente, Samuel se entregou ao fim de seus dias. A Lua e as estrelas como teto, deitado na areia da praia, fechou seus olhos, na laguna, lembrando do olhar de Camila pela última vez.

Dogmas do culto ao celular

Largue o celular. Você está dirigindo.

Largue o celular. Você está num encontro.

Largue o celular. Você perdeu uma informação importante sobre a pessoa e no futuro isso lhe será cobrado.

Largue o celular. Crianças andam, sorriem, falam, e fazem isso por muito tempo. Você precisa ver isso, seus amigos não.

Largue o celular. A comida no fogão está queimando.

Largue o celular. Uma noite de romance só precisa de dois corpos entrelaçados.

Largue o celular. Se a notícia for boa, e lhe envolve, você saberá. Se for ruim, saberá mais rápido. Se não lhe envolve, não lhe diz respeito.

Largue o celular. Vá até a casa da pessoa da qual você discorda da opinião e se ainda assim, você achar que ela está errada e precisa mudar de opinião, saia no soco com ela.

Largue o celular. Seus pais estão envelhecendo.

Largue o celular. Aprenda a encontrar respostas estudando, pesquisando, aprendendo.

Largue o celular. Cuide do planeta. Ele é bonito e você um dia vai virar adubo de qualquer forma, ou dependendo do tempo, pode virar petróleo.

Largue o celular. Passou do ponto onde você desceria.

Largue o celular. Obrigado.

Aquele que tudo sabe e tudo vê

Deus deve estar cansado dos humanos. Eu cansaria, já na idade média. Era só alguém tentar curar outra pessoa que já dava gritaria e cheiro de carne queimada.

Eu cansaria dos humanos na era do gelo, porque com certeza alguém iria aparecer para dizer que frio mesmo é em Curitiba.

Cansaria dos humanos quando lascaram a pedra e começaram a matar animais, e uns aos outros.

Entendo o dilúvio como um castigo divino e a arca de Noé um pequeno remorso, quase um backup, numa tênue esperança de Deus de que os humanos podem melhorar.

Errado quem pensa que é tudo profecia. É Deus de saco cheio da gente mesmo.

A Janta

Em 1888 foi feita uma grande janta. Primeiro os parlamentares comeram. Depois os grandes bancários. Então os empresários comeram.

Depois jantaram os emissores de mídia e notícias, os funcionários públicos, e então o que sobrou foi servido para o resto do povo.

Todos usaram a louça.

O povo que comeu por último, comeu pouco já usando louça suja.

Na hora de limpar a cozinha, os parlamentares estavam lá fora fumando.

Os bancários foram assistir TV. Os empresários lavaram, a contragosto, apenas o que sujaram, e ainda reclamando.

A mídia fez escândalo por ter de lavar a louça e reuniu o povo para uma manifestação contra lavar louça.

Mas precisava ser feito.

Então o povo decidiu que 1 parlamentar deveria lavar a louça.

Mas os empresários e bancários acreditavam que o eleito deveria lavar primeiro a sua louça, depois a do povo.

Então os pratos foram lavados.

E veio a sobremesa. Louça limpa foi trazida e os pratos limpos foram usados de novo. O povo não ganhou sobremesa.

4 anos depois, um novo eleito lavou pratos, talheres e copos.

Mas todos estão comendo, o povo comendo as sobras.

E mais louça sendo suja.

A cada 4 ou 8 anos alguém é eleito, lava um pouco de louça e administra a grande quantidade de louça suja do último jantar.

A pia é o Brasil.

O Bardo

Olhai, olhai... Vê-te quem vens dos campos
trigais. Vê-se que alcança qual vento, veloz,
encontra o caminho entre os campos, olhai.

Ouçam os cantos que entoa o corcel, vê-te
qual dança em trotear seu tropel.

Olhai, olhai... Já é certeiro destino dos
seus, ventos uivantes cortando o urzal.

Veja o escarcéu que as correntes entoam, e
no chicote a marchar o corcel.

Olhai e escutai... estas palavras daquele que
vem, traz a notícia dos campos e além,
bardar o pranto a princesas e reis, quando
que em guerra a trotear qual ninguém.

A todos escutai... o bardo a recitar, certo
das falas de línguas e afins, cede passagem

ao corpo veloz, que se anuncia a serviço e a servir.

Olhai, atentai... em canto se faz, e como o vento, não para e se vai, e outra após outra cidade ele vai, veloz como o vento, o bardo se vai.

Ai de quem mais... atento ou perdido, pergunte o nome do bardo ao bandido, ao rei, à plebe, a guarda ou a mim, um mensageiro que cala no fim.

Olhai, olhai... ao longe sumiu, e qual passagem, destino cumpriu, bradar os contos aos povos cumpriu.

CORTA!!!

Tá faltando emoção... falta entoar a voz. Você não assistiu The Witcher? Aquele menino da moeda, ouviu como ele canta e recita?

Falta interpretar mais, dar mais vida. Volta no começo e leia de novo.

Imagina que agora você está no ano de 970 d.C. De cavalo, correndo pela Inglaterra anunciando que o Rei Alfredo morreu. Você está triste, mas precisa cumprir a missão que te deram. Volta no início e agora leia com emoção.

O Corvo e o Jarro

Em um dia quente de verão um corvo voava sobre um campo quando algo brilhando lhe chamou a atenção.

Desceu até o local e viu um jarro de vidro com água no fundo.

Como era um dia quente, tentou beber do jarro, mas o jarro era alto e a água que estava no fundo estava difícil para alcançar.

Mesmo se esticando para dentro do jarro, não conseguiu.

Após algumas tentativas, o corvo viu uma pedra no chão e usando seu bico a jogou dentro do jarro.

A pedra bateu na água, mas sem força para entornar o líquido.

Vendo que o nível de água do jarro subiu com o volume da pedra, o corvo procurou por mais pedras, encontrando alguns seixos em um riacho próximo.

Uma a uma o corvo foi trazendo as pedras e as jogando dentro do jarro, vendo o nível de água subir à medida que o jarro era enchido com as pedras. Obviamente que com o esforço de trazer as pedras, sua sede aumentou, pelo trabalho e pelo calor do dia.

Mas depois de levar mais de cinquenta pedras e jogar dentro do jarro, o corvo olhando para a água que chegava quase na borda do jarro, percebeu que durante todo esse tempo, poderia simplesmente ter bebido água no riacho onde buscava as pedras.

Um fazendeiro, que chegava do campo com sede para beber a água de seu jarro, viu o

mesmo cheio de pedras e não entendeu nada
do que havia acontecido.

O corvo, se sentindo um imbecil, nunca mais
foi visto.

O estranhamente interessante caso do porco

Em uma cidade no interior de São Paulo, havia uma igreja.

Nesta igreja três pessoas sentavam-se no primeiro banco de uma fila dupla de sete bancos em cada lado do corredor central. A igreja era pequena, acompanhando a cidade. Nas missas mais frequentadas, ainda caberiam mais duas ou três pessoas.

Três pessoas reunidas com o padre da paróquia.

Quatro pessoas em silêncio, três ansiosas e uma pensativa.

O padre, um senhor já bem vivido, com mais de setenta anos, seguia uma linha de raciocínio estranhamente lógica, analisando fatos e supostamente pensando em um veredito.

Por que o padre?

Porque as outras três pessoas já haviam recorrido ao prefeito, que não deu importância ao caso e disse que deveria ser resolvido pelo seu tio, o delegado da cidade.

O delegado alegou que já tinha muitos casos para resolver, inclusive o desaparecimento de uma bicicleta, duas misteriosas placas vandalizadas com tinta spray e o aumento do combustível no posto da cidade, que pertencia ao seu irmão mais velho.

O delegado achou melhor não se envolver com este último caso, mas não deu importância às três pessoas e indicou que procurassem um advogado.

Apenas um advogado trabalhava na cidade, atendendo aposentadorias, pensões, alguns casos trabalhistas e processos contra a gasolina adulterada que era vendida no posto de seu primo.

A única pessoa imparcial era o padre, que além de não ser da cidade, e ser mais velho que a própria cidade, estaria amparado pela lei divina.

O que o padre decidisse seria tomado por regra.

O caso era difícil, até mesmo para um padre com tantos anos de experiência.

Apesar da dificuldade do caso, o padre aceitou ajudar aos três reclamantes.

E a briga se originou por causa de um porco.

Estavam apreensivos, aguardando a decisão do padre, Emílio Fonseca, ex-funcionário do posto de combustível e agora açougueiro do mercado da cidade, também criador de porcos, Suzana Freitas, esposa de um vereador da cidade que viajava a negócios para uma feira de agronegócios que traria investimentos para a cidade e Lourival Pacheco, dono da loja de roupas da cidade.

Lourival alegava que sofrera prejuízos pois um porco, segundo ele, muito grande, invadiu seu quintal e destruiu a pequena horta que cultivava com tanto carinho. O porco, na ocasião, fugiu do local depois do estrago feito.

Lourival acusava Emílio, por deixar um de seus porcos escapar e causar destruição.

Emílio se defendia dizendo que nenhum de seus porcos escapou, mas que um deles foi comprado por Suzana há dois dias, e o que acontecera depois não era de sua responsabilidade.

Suzana, irada, dizia que enviou seu amigo, na ausência do marido, com a caminhonete para buscar o porco, mas nunca o recebeu, embora não revelasse quem era o amigo, pois Emílio não entregou o porco para ninguém em uma caminhonete.

Lourival cobrava um valor de trezentos reais pela sua horta. Emílio cobrava um valor de trezentos reais pelo porco que supostamente vendeu. Suzana queria um porco para um churrasco quando seu marido voltasse.

Essas informações e demais alfinetadas foram repassadas para o padre que agora pensava no que fazer sobre o assunto.

Alguns minutos se passaram, os ânimos e a paciência dos três reclamantes se esgotaram. Quase em uníssono pediram ao padre a solução do problema.

- Meus filhos. Apesar de ser contra as regras da Igreja e contra os preceitos de Deus, contarei a vocês o que um jovem rapaz, que estacionou uma caminhonete aqui na frente, confessou em segredo, há pouco mais de duas horas, sob o juramento de Deus, sob qual confissão eu lhe indiquei que rezasse duas av...

Suzana tossiu, se engasgou, tentou falar, tossiu de novo, empalideceu e travou, com a boca meio aberta, meio fechada.

Emílio notou. Lourival não. O Padre continuou:

- Um rapaz se confessou comigo hoje, e lhe passei duas aves Marias e dois Pai Nosso, para que se redimisse.

Lourival, alheio aos interesses no recinto, pediu sobre a confissão.

- Então meus filhos. Este rapaz da caminhonete – Suzana, branca como os aparatos do altar – confessou que ele recebeu uma ordem de um dos vereadores da cidade que desse fim ao amante de sua esposa. Segundo o rapaz, o porco deveria ser jogado do barranco mais alto da serra para que morresse com muita dor, mas que parecesse acidente.

Emílio segurava o riso. Lourival dava sinais de confusão. Suzana não respirava. O Padre continuou.

- O rapaz me disse que ligou ao vereador e disse que o porco estava morto. Assim, recebeu como pagamento o valor em dinheiro que deveria pagar ao Emílio.

As peças se encaixavam. Agora sabiam o que houve com o porco. Mas Emílio garantia que ninguém em uma caminhonete buscou um porco. Lembrou-se que alguém levou um porco vivo, mas na correria não viu qual o carro do rapaz.

Lourival questionava sobre sua horta, quando o Padre continuou:

- Sim, meu filho. O rapaz confessou que no caminho decidiu deixar o porco se alimentar antes de atirá-lo do penhasco.

Ainda que explicasse a história, Lourival e Emílio sentiam-se incomodados com a perda do dinheiro e da horta.

O Padre então disse:

- O que temos aqui é apenas um mal entendido. Suzana queria fazer um churrasco, mas seu marido deu uma ordem estranhamente incomum, a qual foi acatada com total eficácia. Acredito que Emílio deve ser pago, e acredito que Lourival deva ser ressarcido.

Suzana, calada, tirou da bolsa um talão de cheques e preenchendo com os valores de trezentos reais cada folha, entregou a Emílio e a Lourival, sem olhar nos olhos dos mesmos.

Lourival agradeceu e disse que o valor cobriria as perdas da horta, enquanto ia embora. Emílio, rindo, disse que o valor do cheque pagaria o porco e foi embora.

Suzana, tinha na cabeça a informação de que seu marido sabia sobre seu amante, porém ele sem saber, pediu a seu capataz, o amante de sua esposa, que matasse o suposto amante. O capataz, esperto, matou o porco que Suzana levaria para casa no fim de semana. O porco, do qual o marido se referia, era obviamente outro, metaforicamente, e não o inocente porco que agora alimentava a vida selvagem da serra na saída da cidade.

Calada, olhou para o Padre e pediu por conselhos.

- Minha filha, faça o seguinte. Reze dois Pai Nosso e duas Ave Marias, pois se eu lhe contasse o que o seu marido confessa aqui na igreja, acabariam as vacas dessa cidade.

O mundo em perfeita retórica?

Para entender a retórica, é preciso saber que você não precisa saber a resposta.

Muitas vezes um "pois é", e até mesmo o silêncio são a melhor resposta para a retórica.

Você deve ter ouvido questões como "você acha que eu sou burra?", "eu sou uma piada pra você" ou "se todos pularem da ponte, você vai pular também?"

Quem pergunta não quer ouvir resposta. É sério!

E quem responde, devia ter ficado calado.

Até mesmo já ouvimos essa: "Morreu, e daí? Quer que eu faça o que?"

Infelizmente essa retórica deveria ser respondida. Mas fazer o que, né?

Simetria (perdão por essa)

- Vamos escrever um livro?

- Da Vinci já escreveu.

- Vamos pintar um quadro?

- Da Vinci já pintou.

- Vamos inventar um helicóptero?

- O que é um helicóptero?

- Não sei, mas Da Vinci já projetou um.

- Paraquedas? Da Vinci já projetou um também.

- Tanque de guerra? Já.

- Quadros de Jesus? Também.

- Cidades?

- hmhm

- Vamos dizer que o homem é perfeito e é o centro de tudo.

- Cara, fantástico, isso é genial, até original e...

- Gente, olha só, chegou aqui no jornal de hoje, Da Vinci inventou um tal de Homem Vitruviano, com umas paradas de Fibonacci.

- Assim não dá. Da Vinci não tem o que esse cara não faça nessa merda.

Assim era Leonardo Da Vinci.

Ele simetria em tudo.

Não seja esse cara

O cara que nomeou o medo e aversão a Palíndromos, com o termo Aibofobia.

O cara que não sente aquele arrepio na nuca quando o cabeleireiro passa a maquininha.

O cara que abre pacotes e embalagens de alimentos de cabeça pra baixo.

O cara que escova os dentes depois de vestir o terno.

O cara que aceita dinheiro da avó por aumentar a fonte e tamanho das letras.

O cara que coloca funk pra tocar na caixa de som sem fones de ouvido no ônibus.

Agonia

Imagine-se escovando os dentes com um aparelho de barbear.

Saia de casa e na calçada tem três mulheres conversando, andando bem devagar, sem dar passagem.

Chegue no trabalho quase atrasado para a reunião e descubra que o chefe não vem hoje.

Ao chegar em casa a noite e a única coisa que você quer comer acabou.

Ao deitar-se na cama, se cobrir, melhor posição, percebe que precisa urinar.

Quando chega no banheiro, você olha para o que é praticamente uma cena de crime.

Sangue para todo lado. Horrível. Atraindo moscas.

Então você olha para sua escova de dentes e percebe que ela é na verdade um aparelho de barbear.

Minha história de vida

Antes de ir para a próxima página, ao menos pense que a sua vida tem algo de interessante. Mesmo que não vire um *best seller,* ainda pode ser interessante para alguém. Escreva aquela vez que você e seus amigos foram para a praia. Ou da sua primeira namorada ou namorado. Seu casamento. Do dia que você brigou, ou daquele cachorro que morreu e está enterrado embaixo da casa do seu vizinho, pois na época o terreno era baldio. Conte das tardes jogando bola, taco ou banco imobiliário na mesa da garagem. Deixei este espaço para que de alguma forma este livro também seja seu. E cada leitor que escrever adicionará um conto aleatório ao livro. Obrigado.

Cleber, o caçador de vampiros

Meu nome é Cleber. Tenho 27 anos, moro com a minha avó, na Zona Sul de São Paulo. Ela tem 86 anos, e precisa de cuidados durante o dia.

Para isso, não posso trabalhar fora como os outros mortais. Terminei meus estudos e agora passo os dias alimentando, limpando e entretendo a minha avó. Vivemos com a aposentadoria de um salário dela, e com a pensão deixada pelo meu avô. Meus pais cagam pra minha avó, e principalmente pra mim, pois segundo eles eu sou um desperdício de oxigênio.

Minha avó dorme cerca de 18 horas por dia, o que me deixa com bastante tempo para ler livros, jogar vídeo games e descansar da minha atividade noturna – caçar vampiros.

É isso mesmo. As noites em São Paulo nunca mais foram as mesmas, desde que descobri que existe a possibilidade de existirem vampiros.

Como eu sei? – A vida noturna. É muita gente em atividade durante a noite. Algo fora da normalidade, algo que nunca vi em Massaranduba, Santa Catarina, cidade em que nasci e cresci e morei até os 16 anos com meus pais. Naquela cidade após às 19 horas mal se viam carros nas ruas. Ninguém a pé. A cidade não é perigosa. As pessoas é que são normais, sem hábitos vampirescos, de sair à noite.

Mas em São Paulo, com certeza existem vampiros.

Minha avó dormiu, são oito e meia, hora de sair para a vigilância noturna.

Estou morando com minha avó há cerca de 7 anos. Minha caçada começou há 3 anos. São poucas as pessoas de confiança. Meus pais me chamam de louco. Minha avó acha que eu tenho 12 anos, então não me leva a sério.

Os poucos amigos e colegas que eu tinha se afastaram, traidores. Casaram, tiveram filhos, se mudaram.

Praticamente estou sozinho. Digo praticamente pois tenho vários contatos, 314, precisamente, no grupo que criei no Facebook sobre Vampiros em São Paulo. Inicialmente eram mais de 5000 participantes, pois não existem fotos de vampiros reais, e quando usei uma foto do Robert Pattinson muita gente achou que era um fã clube de Crepúsculo.

Felizmente ficaram no grupo aqueles que realmente são unidos à causa, ou não usam muito o Facebook.

Subo no prédio com meus acessórios. Binóculos, Capa de Chuva de lona preta, que eu mesmo costurei e colei. Seria ridículo ficar com uma capa amarela no topo do prédio de 12 andares.

Minha faca de caça, rações para emergências, que hoje são barrinhas de cereais com chocolate e água mineral.

O acessório principal é o binóculo para identificar as pessoas, ou vampiros, que estão andando pela rua. Do topo do prédio consigo ver claramente 3 quadras de cada lado, com poucos pontos cegos. Se um vampiro passar aqui, eu o verei.

Nunca cheguei a interpelar um vampiro. Nem ataquei, abordei ou acusei. Vampiros são perigosos, assassinos sanguinários.

Há alguns meses vi uma cena num dos pontos escuros da rua aqui da frente. Uma moça saiu de um bar seguida de um rapaz. Pouco depois os vi parados sob um poste com a lâmpada queimada, e em choque, vi que ele estava mordendo seu pescoço, o ato mor dos vampiros. Porém, segundos depois, sobre o capô de um carro estacionando, vi que o que ele fazia com ela não tinha nada de relação com vampiros. Naquela noite voltei para casa mais cedo.

Meu relato aqui é uma carta de adeus aos dias de caçada à vampiros. Começo a achar que todos tinham razão. Além de vampiros não existirem, percebo que é verdade do que diziam, sobre eu perder tempo com estas besteiras e dar um rumo para minha vida.

Não tenho nenhum plano para o futuro. Dependo da renda de minha avó e quando ela se for, certamente terei de sair da casa, que hoje é alvo de briga entre meus pais e meus tios. De fato, nada tenho, nada terei.

Estou decidido a abandonar a vida de caçador de vampiros. De agora em diante, vou fazer algo sensato.

Estas palavras sempre me motivaram, então hoje estou aqui, meus amigos, empreendedores, para lhes apresentar esta maravilhosa oportunidade de mudar de vida. Oportunidade de crescimento e realização.

É simples assim. Vocês se cadastram, e indicam dois amigos, que se cadastram, e indicam mais dois amigos cada um. A cada venda realizada, você ganha comissão sobre todas as vendas.

- O que? Não... não é pirâmide.

- Golpe? Não meus amigos... eu mudei de vida, vejam, meu broche, já sou nível ouro.

- Hey, voltem... é seguro... voltem aqui.

Meus dias de caçador de trouxas foram muito curtos. Por isso resolvi voltar a minha paixão de vida. Caçar Vampiros.

Mais uma noite começa, mais um dia a cidade foi salva. Nenhum inocente foi atacado por vampiros, e nenhum nunca será, enquanto eu estiver aqui.

Cleber, Caçador de Vampiros!

Lista de nomes para crianças

3 pessoas. 2 ingleses conversando um brasileiro escutando.

JACK: - Hi Mark, did you know that my brother is going to be a father again?

MARK: - Hi Jack, didn't know, what is the name of the new son?

ASTOLFO (que sabia que *name* significa nome, pensando):

- Tá aí. Denilson, vai ser o nome do meu filho. Valeu galera, obrigado pela dica...

Vendedor de Meia Calça

Há alguns anos trabalhava em uma loja de móveis e eletrodomésticos.

Frequentemente recebíamos visitas de vendedores ambulantes. Desde trufas e doces até os mais variados produtos, como perfumes, joias, produtos de limpeza, entre outros.

Trabalhávamos em uma equipe diversa, eu e outros rapazes, algumas moças e mulheres mais velhas.

Certo dia durante o horário de almoço entrou um vendedor de artigos femininos, dirigindo-se às moças na recreação, se apresentou e começou a falar sobre o produto em destaque: Meia-calça feminina.

Como era um artigo utilizado sob o uniforme, as meninas deram atenção.

Entre cores, modelos, o vendedor, por algum motivo, resolveu provar a qualidade do produto.

Com uma faca grande, talvez de churrasco, raspou a meia-calça para provar que não rasgaria com facilidade, não desfiava e não pegava bolinhas.

Para provar a elasticidade, abriu a meia calça pela cintura e começou a demonstrar a elasticidade usando a meia como touca, em sua própria cabeça.

A cena já era hilária, porém neste momento entra um cliente na loja, vê a cena e sai correndo tão rápido que quase tropeçou e caiu porta a fora.

O vendedor das meias não entendeu o porquê de eu estar caído no chão, sem fôlego, de tanto rir.

Mas confesso que eu, se entro em uma loja e entre várias pessoas sentadas, há um senhor com uma meia-calça na cabeça e uma faca de uns 25 centímetros na mão, também correria por minha vida.

Ideias para lápides.

1 – De pedra, Granito ou Concreto, para durar mais.

2 – Básicas. Não precisa ter conforto interno.

3 – Localização. Se der sorte de pegar na entrada do cemitério, vai receber mais visitas. Cemitérios dificilmente tem áreas de sombra, bancos ou água disponível para a visita.

4 – Acabamentos que não refletem a luz do sol nos olhos dos visitantes.

5 – Para evitar o estresse, comprar antes do necessário, demorar para usar.

6 – Coloque alguma frase legal para entreter os visitantes.

Obrigado por ler até aqui.

Sucesso para todos nós.

Tenha um dia cheio de cor!